PÉTITION DU CORPS, ET DU COMMERCE DE L'ORFÉVRERIE.

Arrêtée dans l'assemblée générale du 22 Septembre 1790, & présentée à l'Assemblée Nationale.

A PARIS,

Chez BOULARD, Imprimeur-Libraire, rue neuve Saint-Roch, N° 51.

1790.

AVERTISSEMENT.

Il y a quelques mois qu'il a été présenté au Comité de Commerce de l'Assemblée Nationale, une *Pétition du Commerce de l'Orfèvrerie*, qu'il ne faut pas confondre avec celle-ci. Le Corps des Orfévres a des Administrateurs particuliers, qui, quoique renouvelés au nombre de huit tous les ans, conservent, par abus, un droit de présence, & le titre honoraire de *Gardes*, *Anciens Gardes*, & *Grand-Gardes*, lors même qu'ils cessent d'être en fonctions réelles. Cette aggrégation particulière forme une espèce d'ordre privilégié & aristocratique, dans la Société commune, & se décore du nom fastueux de *Collége des Gardes*. C'est cette fraction usurpatrice qui, se constituant sans aucun titre, représentante des droits, juge des intérêts & organe des vœux du Corps entier, s'est ingérée de présenter au Législateur une Pétition qu'elle n'avoit daigné communiquer ni directement ni indirectement à ce Corps. L'assemblée générale des Orfévres désavoue donc cet écrit pseudonyme, nul de sa nature & vicieux par son contenu.

Au surplus, ceux qui l'auront lu, & le compareront avec l'ouvrage qui suit, auront lieu de faire une réflexion assez grave sur la différence des principes qui ont dicté l'un & l'autre. Dans le premier, les *faux représentans* gardent un silence anti-civique sur tous les abus dont la réforme est provoquée par les Commettans eux-mêmes. Les premiers disent à la Nation : soulagez-nous des droits de contrôle, mais nous avons des priviléges qu'il faut nous conserver. Les autres lui disent : nous demandons un soulagement, mais nous l'achetons par l'abandon d'une partie de notre privilége. C'est que tous ces abus des prohibitions réglementaires, établies en faveur des Communautés, ne tournent jamais qu'au profit de quelques-uns de leurs Membres. C'est aussi que le patriotisme parle plus haut dans une grande assemblée, & que l'égoïsme monopoleur se montre avec moins de honte dans l'ombre des conciliabules secrets. Et voilà pourquoi la publicité est la sauve-garde de la liberté, la source de la morale civique; pourquoi enfin, les nouveaux Législateurs ont dû diviser les fonctions publiques, autant que les anciens s'étudioient à les concentrer.

On trouvera peut-être, que le rédacteur de cette Pétition s'est trop étendu sur le développement des principes de la liberté de l'Industrie, au sujet d'un Commerce qui n'est pas susceptible d'une liberté illimitée, & sur-tout lorsqu'il est notoire que la suppreſſion des Jurandes eſt une opération impraticable, une opération réſervée aux Légiſlatures ſuivantes. Mais le vice de nos inſtitutions commerciales eſt ſi antique & ſi invétéré, qu'il n'eſt pas même connu. La Nation a beſoin qu'on l'avertiſſe de ſon mal pour le ſentir. Sur cet objet, les vérités déjà vieilles pour les hommes inſtruits, ſont vierges pour la multitude. Cependant, de toutes les libertés, nulle n'a été plus violée; tandis que, de toutes les ſervitudes, nulle n'eſt plus contraire à l'ordre ſocial, que celle de l'Induſtrie. La propriété individuelle & la jouiſſance de ſes facultés, ſont les premiers droits de l'homme. Si on conſidère le bien général, la libre circulation du travail étant le premier mobile de toutes les autres circulations, eſt auſſi le premier intérêt de tous comme de chacun. Et cependant, quel eſt le régime ſous lequel gémit l'Induſtrie? Les principes de ce régime ont été poſés dans l'Edit d'Henri III. Ces principes ſont, *que travail eſt un droit royal & domanial.* Voilà le point d'appui ſur lequel s'eſt élevé tous le ſyſtême des Jurandes. *Le travail, un droit royal!* Faut-il s'étonner qu'on achète & qu'on vende encore des hommes, quand des François ſont encore ſoumis à des inſtitutions émanées d'un pareil blaſphême! Faut-il s'étonner que le travail fut jugé choſe honteuſe, que le commerce emportât *dérogeance*, dans le préjugé de ces Caſtes féodales enfin abolies, lorſque, dans l'eſprit du légiſlateur, ce travail, ce commerce, les plus nobles caractères du perfectionnement ſocial, n'étoient que les types ignobles de la vaſſalité nationale? Du moins la Nation, même tacitement, n'a point conſenti ſa honte. Les Etats de 1614, réclamèrent avec force contre les Jurandes. *Que ces métiers*, diſoient-ils, *ſoient laiſſés libres à vos pauvres ſujets.* C'eſt ainſi qu'en vrai ſtyle de *doléances*, un Peuple ſouverain demandoit à LOUIS XIII, à un enfant la jouiſſance des droits de l'homme.

Plein de ces idées, le rédacteur de cette Pétition a cru ſervir la choſe publique, en ſaiſiſſant une occaſion de reproduire ſolemnellement des vérités négligées, & qui s'étonnent de ne point circuler dans le torrent des lumières nouvelles. Avant d'être miſes en pratique, il faut bien que ces vérités ſe faſſent reconnoître de tous les eſprits, avant qu'elles ſe convertiſſent en loix il faut qu'elles s'érigent en axiômes populaires. Car c'eſt l'opinion qui a néceſſairement l'initiative de certaines loix, & à cet égard, le Légiſlateur eſt moins le repréſentant de la volonté générale, que l'organe, & pour ainſi dire le Hérault de la raiſon publique.

PÉTITION
DU CORPS,
ET
DU COMMERCE DE L'ORFÉVRERIE.

*Arrêtée dans l'aſſemblée générale du 22 Septembre 1790, & préſentée à l'*ASSEMBLÉE NATIONALE.

UN Corps de plus de mille Citoyens invoque, en ce moment, le Légiſlateur. Ils ſont de cette claſſe induſtrieuſe & productive, qui fait la moitié de la richeſſe des Empires; & c'eſt aſſez témoigner que, malgré les pertes momentanées qu'ils ſouffrent dans ce grand changement, ils portent au fond de leurs cœurs l'amour de la Liberté & de la Conſtitution. Car le travail qui fournit les moyens d'une noble indépendance, en donne auſſi le beſoin.

Comme Hommes, comme Citoyens, nous avions beaucoup à demander à la Loi. L'Aſſemblée Nationale nous a tout donné, a rempli, a ſurpaſſé nos vœux; elle nous a faits Citoyens, elle nous a faits hommes, puiſqu'elle nous a rendus libres. Tous les jours nous admirons ſon courage égal à ſa ſageſſe. Ses principes ſont dans nos ames, & nos bras ſont voués à la défenſe de ſes Décrets.

Mais nous ſommes Artiſtes, nous ſommes Commerçans, & à ces titres, nous venons avertir ſa vigilance paternelle des beſoins de notre commerce & de notre induſtrie, qui forment une branche importante & féconde de l'induſtrie & du Commerce National.

Cependant, en détournant un moment ſur nous les regards de l'Aſſemblée, nous n'avons pas, du moins, à nous reprocher de venir, comme l'a fait trop ſouvent l'égoïſme des Corps, réclamer, en faveur de nos convenances privées, des avantages contraires à l'utilité générale. Avant de former nos demandes, nous nous ſommes interrogés ſur les principes conſacrés dans cette aſſemblée, & c'eſt leur accord qui nous encourage à produire aujourd'hui un vœu qu'elle ne rrouvera pas indigne de l'eſprit qui l'anime.

L'Aſſemblée Nationale qui a détruit tant de priviléges, a vu plus d'un Citoyen apporter volontairement devant elle, le généreux abandon de ces injuſtes prérogatives. Mais la généroſité eſt une vertu iudividuelle, & dans cette renaiſſance du patriotiſme, nous n'avons vu aucun Corps ſuivre ces nobles exemples, tandis qu'au contraire, toutes les Compagnies excluſives ont, plus ou moins obſtinément, défendu leurs priviléges, & leurs onéreux monopoles.

Le Corps des Orfévres, qui, de même que tous les Corps d'Arts & Métiers, jouit aussi de plusieurs droits exclusifs, vient y renoncer ici solemnellement, & donner, dans cette assemblée, le premier signal des réformes qui doivent, en faisant tomber les entraves mises au travail & à l'industrie, achever le complément des libertés nationales.

A la verité, en offrant un sacrifice à la patrie, nous en demandons un aussi à l'Etat. Mais si ce sacrifice est léger, si les principes d'une bonne législation, si l'intérêt public lui-même devoit le commander, nous ne sommes point en contradiction avec nous-mêmes, & nous ne nous glorifions pas témérairement de nos patriotiques intentions.

Quel est donc, d'abord, le sacrifice que nous offrons? C'est celui des plus grands avantages qui nous soient assurés par des réglements & statuts prohibitifs, destinés à multiplier les conditions, difficiles & rigoureuses, de l'admission dans notre Corps, & qui attribuent à ses membres la faculté de fabriquer & vendre, exclusivement, les matières d'or & d'argent. Nous ne laissons subsister du régime qui nous favorise, que ce qui doit paroître au Législateur même, indispensable pour la sûreté publique.

Quel est, d'autre part, le sacrifice que nous demandons? C'est celui des droits de marque ou de contrôle, établis sur les matières d'or & d'argent manufacturées, dont l'excès a ruiné le commerce, vexé les individus, sans être utile à d'autres qu'à l'avide & riche fermier.

Le développement de ces deux objets formera les deux parties essentielles de cette pétition.

Nous établirons d'abord les principes généraux de la justice & de l'intérêt social, & parconséquent ceux de l'Assemblée Nationale, rélativement aux Communautés, Jurandes & corps de métiers, aux loix positives qui les régissent, & aux loix nouvelles que réclament les droits des individus, l'intérêt mieux connu du commerce, & l'esprit véritable de la Constitution. Appliquant ensuite ces principes au Corps même de l'Orfévrerie, nous exposerons quelle sorte d'exception, ou quelles loix particulières doivent être faites à son égard, suivant la nature des choses & pour l'intérêt public.

Ensuite, ramenés par ces développemens à ceux qui appartiennent au second objet de notre pétition, nous recherchons quel peut être le principal intérêt public dans un commerce de l'espèce du notre, & nous ferons voir que c'est cet intérêt lui-même, autant que le notre, qui sollicite la suppression des droits de contrôle.

PREMIER OBJET DE LA PÉTITION.

Se LIVRER au genre de TRAVAIL, ou au genre de TRAFIC, qui lui convient, même en changer ou en réunir à son gré plusieurs; telle est la liberté du commerce, relativement au citoyen industrieux & actif.

Relativement au conſommateur, elle conſiſte à acheter où il lui plaît, à faire travailler qui il lui plaît.

Sous ces deux rapports la liberté eſt également violée par le ſyſtême des jurandes.

Par-tout où la concurrence eſt détruite, il y a monopole; & de tous les monopoles, le plus funeſte eſt celui-ci, parcequ'il eſt plus étendu, plus durable & plus favoriſé par l'autorité, par l'abus des formes legales, mais ſur-tout parce que les Corps uſent toujours de leurs avantages plus durement que les particuliers.

La vénalité des maîtriſes, qui en eſt la ſuite, eſt une des inventions les plus monſtreuſes de l'eſprit fiſcal.

Le travail qui eſt la ſource & le fondement de toute propriété, en eſt une lui-même, & c'eſt ſans doute la plus ſacrée.

Le Gouvernement, qui vend le droit de travailler, que fait-il? Il vend, en effet, le droit de ſe ſervir de ſes bras, le droit de vivre, le droit d'être. Un tel Gouvernemenr eſt abſurde & tyrannique.

Tous les réglemens prohibitifs, qui forment la maſſe du privilége des corporations, ne le ſont pas moins. Les conditions d'admiſſion aux maîtriſes, celle d'un *Apprentiſſage* & d'un *Compagnonage* d'une durée preſcrite, celle d'un *Chef-d'Œuvre* aſtreint à des formes convenues, ſont des vexations également nuiſibles aux individus & à la ſociété.

Le tems de l'apprentiſſage ne peut-être fixé que par la convention particulière de celui qui veut apprendre, & de celui qui doit enſeigner. Sa brièveté ou ſa longueur ne prouvent rien ni pour ni contre l'habileté d'un Ouvrier.

Il en eſt de même du chef-d'œuvre. A-t-on, en effet, le droit d'exiger cette formalité? Quelque mal-adroit que ſoit un homme, pouvez vous l'empêcher de travailler? D'ailleurs, s'il ne fait pas ſon métier, il le quittera bientôt, faute d'emploi.

Si on conſidère l'intérêt de l'état, il s'en faut bien qu'il deſire de l'Ouvrier une ſi grande ſupériorité; cet intérêt n'eſt pas qu'on faſſe très-bien, mais plutôt qu'on faſſe beaucoup; car c'eſt le bon marché qui fait le grand débit, & qui nourrit un plus grand nombre d'hommes.

Mais, de plus, il eſt certain que l'intérêt même de l'art & de la perfection réclame encore le bienfait d'une concurrence illimitée; elle ſeule anime & développe le génie inventeur. A Londres, dit M. Smith, c'eſt dans les fauxbourgs, affranchis des priviléges des corporations, qu'on trouve les meilleurs Ouvriers. Enfin, il eſt certain que la police la plus efficace, à l'égard de toute eſpèce d'artiſan, c'eſt celle qui eſt exercée par les pratiques. La crainte de la négligence, des mal-façons, de la décadence des arts, ſont les prétextes & non les cauſes véritables qui ont fait créer les corporations.

En effet, les premières Communautés d'Arts & Métiers furent originairement établis en France par Saint-Louis, en forme de Confréries, pour ſervir d'écoles, & conſerver les méthodes d'une induſtrie encore groſſière.

C'eſt dans ce même ſens qu'en Angleterre, on les appeloit Univerſités, qu'on diſoit, l'Univerſité des Tailleurs, &c. Juſqu'au règne d'Henri III, ces aſſociations n'eurent point de privilége excluſif. Ce n'eſt qu'au moment où l'on voulut taxer l'induſtrie, qu'on prétexta le bien public pour donner aux Artiſans & Commerçans tous ces réglemens deſtinés à les indemniſer, en leur fourniſſant les moyens de reſtreindre la concurrence & d'augmenter leurs prix. Mais c'est en 1673, que ces abus furent conſolidés, par la création d'une foule d'Offices, qu'on fit enſuite racheter par les Communautés elles-mêmes, ce qu'elles ne firent, qu'en obtenant la confirmation & l'extenſion de leur monopole.

Il eſt aiſé de voir qu'il n'eſt pas une portion de ces priviléges qui ne ſoit un impôt levé ſur toutes les claſſes de la ſociété. Car en dernière analyſe, les frais d'apprentiſſage, de maîtriſe &c., les cottiſations particulières des communautés, les intérêts de leurs dettes, les frais de bureau, de ſaiſies, de procédures auxquels donne lieu leur adminiſtration & leurs reglemens, tous ces frais ne ſont, pour le marchand, que des avances, dont la marchandiſe renchérit d'autant, & qui ſont payés par la maſſe des Conſommateurs. Il y a vingt-ans que des calculateurs évaluoient ce renchériſſement à plus d'un quart ſur chaque objet de conſommation.

Ce n'eſt pas à nous de préſenter à cette aſſemblée, le tableau de tous les maux produits par le ſyſtème des Jurandes, ni de développer, par quels rapports ſecrets, ce systême nuit à l'agriculture, parce que tout monopole, en faisant monter le taux du profit mercantile, décourage nécessairement l'amélioration des terres: comment, en augmentant tous les prix, les Jurandes diminuent les consommations, & par conséquent les travaux : comment, elles ruinent ainsi le commerce national, & ne servent que le commerce étranger : comment, par la surcharge des avances qu'elles exigent, elles écrasent la multitude des marchands, au profit d'un petit nombre d'entr'eux : comment, enfin, mettant pour toujours l'ouvrier mal-aisé dans la dépendance du riche, elles empêchent celui-là de sortir de sa détresse : & comment, par les gênes & toutes les vexations que ce systême occasionne, il devient une des causes les plus fécondes de la misère des peuples, & de cette triste mendicité qui désole & avilit le plus grand nombre de nos concitoyens & de nos frères.

Il semble que la conséquence naturelle de ces principes & de ces faits devroit être la nécessité de la suppression des Communautés & des Corps de Marchands; opération, dont, peut-être, nos concitoyens seroient moins effrayés, s'ils réfléchissoient que, d'abord, par le résultat de la caisse générale des denrées, ils trouveroient dans tout ce qu'ils achéteroient à meilleur compte, l'indemnité de tout ce qu'ils vendroient moins cher, & qu'enfin, les consommations devant augmenter par la diminution des prix, un plus grand débit leur offriroit encore de nouveaux dédommagemens.

Mais

Mais l'examen d'une si grande question appartient à la législation suprême, & nous devons nous contenter d'examiner comment ces considérations générales s'appliquent à notre position particulière.

Après avoir reconnu les principes de la liberté du Commerce, demanderons-nous que le commerce de l'Orfévrerie soit livré à une concurrence absolument libre & indéfinie? Exercera-t-on cette profession sans être tenu à remplir aucunes conditions préalables, sans être astreint à aucune surveillance? Enfin, les Orfévres peuvent-ils n'être pas réunis, & ne pas former une association quelconque?

Ces questions sont bientôt résolues, non-seulement par la nature même des choses, mais aussi par des autorités que les plus ardens amis de la liberté du Commerce sont accoutumés à respecter.

Voici d'abord les expressions de l'Edit de 1776, concernant la suppression des Jurandes, d'une loi rendue & rédigée par l'immortel Turgot.

« Il est quelques professions, dont l'exercice peut donner lieu à des abus qui intéressent la foi publique ou la police générale de l'état, ou même la sûreté & la vie des hommes. Ces professions exigent une surveillance & des précautions particulières de la part de l'autorité publique. Telles sont la Pharmacie, l'Orfévrerie ».

En effet, si le prix de certaines matières est telle, que leur altération puisse diminuer prodigieusement, & dans des proportions indéfinies la valeur réelle des marchandises, si en même-tems la facilité de les altérer est égale à la difficulté de connoître l'altération & ses degrés, il s'élévera de nombreuses contestations entre le vendeur & l'acheteur ; une défiance continuelle embarrassera les marchés, gênera la circulation, & le commerce en souffrira bientôt de mortelles atteintes.

Telles sont cependant les matières & d'argent manufacturées par l'Orfévre. Dans presque tous les pays, la puissance publique a pris soin d'en fixer le titre, c'est-à-dire, de déterminer la dose d'alliage qui devoit y entrer pour les rendre ouvrables. Voilà pourquoi Smith convient aussi de l'utilité d'une marque sur les pièces d'argenterie.

Le titre de ces matières doit donc être uniforme, & même désigné par un signe uniforme. C'est ce qu'il est facile de démontrer. Car si cela n'étoit pas ainsi, on voit d'abord que la valeur intrinseque de la pièce manufacturée, résultante des quantités du métal pur & de l'alliage qui y sont combinés, seroit toujours incertaine & douteuse. Le Marchand tromperoit le plus souvent les consommateurs, soit avec intention, pour s'assurer un plus grand bénéfice, soit sans intention, parce que les opérations nécessaires, pour éprouver & vérifier ces matières, exigent des connoissances & une précision peu communes. Or, comment l'acheteur trompé pourroit-il avoir recours contre le vendeur? Comment pourroit-il acheter avec confiance?

Au contraire, ſi la loi a réglé poſitivement les proportions d'alliage de ces métaux précieux, ſi elle établit des moyens pour en opérer la certitude, ſi elle veut que chaque pièce d'orfévrerie ſoit revêtue d'un ſigne commun, qui atteste cette certitude acquiſe, il est certain qu'alors, le marché ſe fera de part & d'autre avec plus de ſécurité.

Ce n'eſt pas tout. La perfection de l'art eſt elle-même intéreſſée à ces meſures. Si le titre de l'or & de l'argent étoit arbitraire & incertain, le plus grand nombre des artistes chercheroit ſon bénéfice dans l'altération des matières, plutôt que la beauté des formes & dans la ſupériorité de l'exécution. Il donneroit à meilleur marché avec une façon plus mauvaiſe. De là le découragement des artistes habiles. & la perte de cette préférence fructueuſe que les ouvrages de France ont toujours obtenu dans toute l'Europe.

Il est donc eſſentiel qu'il y ait un titre légal pour les matières d'or & d'argent manufacturées & que ce titre uniforme ſoit certifié par l'application d'une marque auſſi uniforme ſur toutes les marchandiſes d'Orfévrerie. C'est cette néceſſité qui a fait établir l'uſage du poinçon commun.

Mais telle est l'importance de la fidélité du titre, que cette précaution n'auroit pas ſuffi, ſi on n'eût encore déterminé un moyen de reconnoître en tout tems l'auteur d'une altération illégale des matières. C'est l'objet du poinçon dont le fabriquant est astreint à marquer lui-même la piéce qu'il a fabriquée.

Enfin il est encore des mesures indispensables qui doivent seconder ces précautions. L'application des poinçons doit être précédée par un essai suffisamment authentique. Ceux qui font profession de fabriquer & de vendre ces marchandises, doivent être inspectés, & leurs atteliers, ainsi que leurs magasins visités.

Mais à qui l'autorité confiera-t elle l'exécution de toutes ces mesures? Qui fera ces essais? Qui appliquera ces poinçons? Qui dirigera ces inspections? Puisque la puissance publique veut prévenir l'erreur & la fraude, veut empêcher l'Orfévre de tromper & d'être trompé, veut garantir au consommateur la véritable valeur intrinséque de toutes les marchandises qui se débitent à Paris, il faut qu'elle s'assure des agens autant que des moyens.

Or, il est démontré que ses agens les plus sûrs, sont les Orfévres eux-mêmes. Eux seuls administreront ces moyens avec la rigueur & l'efficacité nécessaires. Un intérêt personnel les y engage. Car, 1°. la réputation de la manufacture de Paris, la faveur constante de ses ouvrages chez l'étranger, tous les avantages de ce commerce sont principalement fondés sur la certitude de la valeur réelle, l'invariabilité du titre, la pureté universellement reconnue des matières qu'on y emploie. Le poinçon de Paris fait foi dans toutes l'Europe; & si, dans ces derniers tems, cette confiance a été ébranlée, c'est par des causes que nous aurons bientot occasion de développer. 2°. Les Orfévres y sont encore intéressés, parce qu'eux-mêmes, lorsque les matières leur reviennent par la circulation du commerce, les reçoivent, les reprennent & les rachètent fur la foi du poinçon, au titre attefté par ce poinçon, & qu'ainfi ils s'expoferoient à faire des marchés onéreux, s'ils avoient négligé, dans l'origine, les règles établies pour rendre cette atteftation indubitable.

Les Orfévres doivent donc être chargés de l'application du poinçon commun, & de l'exécution des mefures deftinées à l'égalifer, pour ainfi dire, le titre de leurs ouvrages.

Mais comme les Orfévres font nombreux, la furveillance qui leur eft confiée ne peut avoir d'effet que par le miniftère de quelques-uns d'entr'eux, lefquels inftitués pour être les Officiers, les Magiftrats, les Juges des autres, doivent naturellement être choifis par tous. Il faut donc que tous fe connoiffent, & puiffent fe réunir.

De plus, comme tous ceux qui exercent cette profeffion doivent être foumis à cette infpection & à tous les réglemens particuliers qui la concernent, il faut que certaines conditions foient exigées, certaines formalités foient remplies, pour qu'il leur foit permis d'exercer.

Que refulte-t-il de tout ceci ? Que les Orfévres, par le genre de leur profeffion, par la nature des matières qu'ils employent, doivent être réunis & incorporés fous un régime commun : mais auffi que l'inftitution de ce régime, & cette incorporation n'étant néceffitée que par l'avantage de maintenir l'authenticité & l'uniformité du titre des matières, tous les ſtatuts & reglemens doivent ſe rapporter à cet unique objet. Car la liberté des individus ne peut ſouffrir de limites, que pour l'utilité générale.

Mais de plus, il en reſulte encore que les membres du Corps des Orfévres, à l'inſpection & à l'autorité des quels chacun d'eux ſera ſoumis, doivent être librement choiſis par le Corps entier, & que ces élections doivent être réglées de la manière la plus égale.

Il s'en faut bien que le régime de corporation ſous le quel ſe trouvent depuis ſi long-tems les Orfévres, ſoit fondé ſur ces bâſes de liberté & de juſtice. Outre ces formes d'admiſſion vénales arbitraires, ces conditions rigoureuſes de L'APPRENTISSAGE, du COMPAGNONAGE, cette formalité vaine du CHEF-D'ŒUVRE, outre tous ces abus onéreux aux conſommateurs, deſtructifs de l'induſtrie, & destinés à restreindre la concurrence des marchands, abus qui lui ſont communs avec les autres corporations d'arts & métiers & dont il demande l'abolition; le Corps des Orfévres, dans ſon organiſation intérieure, dans la nomination de ſes chefs, dans l'administration de ſes biens, réunit une foule de vices qui invoquent les ſoins réformateurs de l'Aſſemblée Nationale. Auſſi, enterminant cette Pétition, nous oſerons lui préſenter quelques bâſes générales de l'organiſation nouvelle qui devroit nous régir, bâſes dictées par les ptincipes que nous avons établis, & dont la ſource ſe trouve dans les fondemens mêmes de la constitution.

Mais nous devons d'abord développer le second objet qui intéresse notre commerce, & démontrer la nécessité de ranimer son activité éteinte par la suppression des droits de Controle.

SECOND OBJET DE LA PÉTITION.

Le droit de Controle est la taxe qui se perçoit par un Fermier public, au momenr où l'Orféyre lui apporte sa pièce finire, pour qu'il y soit appliqué un dernier poinçon, appelé poinçon de décharge, qui atteste que le droit a été acquitté. L'Officier public qui administre ce poinçon est le Contrôleur; mais, à la vérité, la Loi lui enjoint point apposer sa marque avant d'avoir vérifié celle de la maison commune, dont cette même pièce doit êrre revêtue, & qui certifie la vérité du titre. Ainsi, la marque du controleur n'a qu'un but apparent d'utilité, que le poinçon appliqué par les Orfèvres, après l'essai de la matière, remplit suffisamment, & même uniquement. C'est donc un préjugé, de croire que la certitude du titre dépende du poinçon du Fermier. Elle n'est que le prétexte allégué pour établir le droit. Il est notoire que relativement à la surveillance du titre, les Controleurs ont toujours montré la plus grande indifférence; chose naturelle à tout Fermier, qui ne s'occupe que de sa recette. Il est même démontré que le poinçon des Controleurs facilite la fraude loin de l'empêcher. Ce poinçon, quelques mesures qu'on ait prises, a toujours été contrefait ou dérobé; la vérification de la fraude eſt devenue par-là même le plus ſouvent incertaine, & ſa condamnation arbitraire. Les Experts (1) conſultés ont été, ou dans l'impoſſibilité de prononcer, ou même convaincus d'erreur, à tel point, que le Juge, décidant preſque toujours contre le Fiſc l'impunité, a ſingulièrement enhardi & multiplié les fraudeurs. La corruption des Employés qui adminiſtrent ce poinçon, étant le moyen uſité de la fraude, eſt en même-tems inévitable. Or, il eſt facile de voir que ce même moyen ne ſauroit avoir lieu à l'égard du poinçon de maiſon commune, adminiſtré par des Orfévres ſoigneuſement choiſis par leur propre Corps. Ce dernier poinçon eſt donc le ſeul qui puiſſe validement répondre au Public du titre fidèle des ouvrages. Le poinçon des Controleurs n'a donc d'utilité véritable que celle des droits qu'il donne occaſion de percevoir.

Or, quels ſont ces droits? Ils ſont d'un dixième ſur la valeur intrinſéque des matières d'or & d'argent. Quel en eſt le produit net pour le Tréſor public? Dans leur plus grande valeur, ils n'ont jamais rapporté plus de 7 à 800,000 pour tout le royaume. Depuis 1784, la recette, d'année en année, a conſidérablement diminué,

(1). Ces Experts ſont des Graveurs, qui, tenant tout des Orfévres par tous les rapports de leur état, les favoriſeront toujours, & prononceront toujours, en leur faveur, ſur-tout lorſqu'il ne s'agira que de la contrebande du contrôle, qui leur paroît ſinon innocente, du moins très-excuſable.

au

au point que l'année 1789 n'a produit qu'un revenu de 225,000 liv., & celle-ci de 30,000 liv. On va bientot connoître les causes véritables de cette décroissance.

On ne peut d'abord s'empêcher d'observer la funeste impéritie du Gouvernement qui a reglé l'assiette & la mesure de cette taxe. En fait d'impot sur les terres, le principe est qu'on ne peut justement & utilement imposer que le produit net. Il semble qu'en fait de taxe sur l'industrie, le même principe devroit être observé, & le bénéfice de l'ouvrier ou du marchand, paroîtroit seulement susceptible d'être taxé. Mais, ici, loin de s'apuyer sur ces bâses de justice, c'est la valeur intrinséque de la matière premiere qu'un despotisme exacteur & impolitique prend pour mesure de sa taxation.

Le Bénéfice, sur l'espéce de marchandise, que nous fabriquons en plus grande quantité, c'est-à-dire sur la vaisselle & toute sorte d'argenterie, s'éleve au plus depuis un jusqu'à quatre & demi pour cent; & la Taxe est de 10 pour cent. Que résulte-t il de cette excessive disproportion? Que les profits de la contrebande étant énormes, elle devient par la même inévitable & forcée ,

En effet si l'Orfévre, ne gagnant qu'un & deux ou au plus quatre & demi pour cent, paye dix & onze pour cent de droits, il calculera qu'en éludant ces droits, il double, quadruple ou même décuple son profit. Il est impossible que le grand nombre des hommes, résiste à de tels avantages. Il faudroit une grande vertu, & le grand nombre n'est pas au niveau de la vertu.

Mais la contrebande eft encore plus réellement forcée dans un autre fens; car non-feulement le marchand trouve un gain énorme à frauder le droit, mais il ne ttouve que fa ruine à ne point le frauder. En voici la la preuve. S'il eft quelques-uns de fes Confrères qui fe foient procuré un fi grand bénéfice, ceux-là pourront donner leurs marchandifes à meilleur compte; ainfi, ils auront toujours la préférence fur lui. Ils attireront tous les acheteurs, envahiron tout le commerce, vendront tout, tandis que l'homme fcrupuleux qui aura fidélement acquité la taxe, ne pourra donner qu'avec une perte confidérable fes marchandifes au même prix que les fraudeurs. Il fera donc forcé de faire comme eux, fous peine de périr. Le Marchand n'eft donc véritablement contrebandier qu'à fon corps défendant, & lorfque la loi le punit de la peine des plus grands coupables, la loi ne fait autre chofe qu'affaffiner un innocent. Car, lorfque le Gouvernement a difpofé les chofes de manière à ce que les hommes aient un fi grand intérêt à mal faire, c'eft le Gouvernement qui eft le feul malfaiteur.

Mais ces taxes auffi immorales qu'impolitiques, entraînent encore de plus grands défordres & de plus grands maux L'abus engendre l'abus; une contravention excufable conduit à une contravention plus funefte : de la fraude du droit, réfulte infailliblement la fraude du titre, c'est-à-dire, l'altération vraiment coupable de la valeur intrinféque des matières.

Lorsqu'un Marchand a fait, sur la contrebande du contrôle, tous les calculs qu'on vient de voir, il faut encore qu'il en fasse un autre, c'est celui des chances qu'il va courir. Lorsqu'il est décidé à tromper le fisc pour subsister, il se voit en quelque sorte obligé à tromper le public, pour échapper plutôt aux dangers & aux alarmes du contrebandier. Plus ces dangers sont grands, plus il voudra les compenser par de plus grands avantages. Comme il peut être perdu en un instant, il faut du moins qu'il fasse une fortune rapide. Dans ces combinaisons, le bénéfice qu'il retire de la fraude du droit lui paroîtra insuffisant & hors de proportion avec ses risques. Bientôt & par degrés, il voudra s'en assurer un nouveau, en altérant le titre, en fabriquant ses marchandises d'une matière moins précieuse, en les composant d'une moindre quantité de métal pur, & d'une plus grande d'alliage. Observez que les mêmes moyens, les mêmes précautions qu'il doit prendre pour échapper aux recherches du Fermier, lui servent à éluder celles qui pourroient trahir l'autre délit. La fraude sur les matières est donc plus coupable, mais non plus dangereuse que l'autre. Sa délicatesse, qu'il a déjà fait taire, en est plus facilement ébranlée. La seconde faute coûte moins que la première. Il est certain qu'il ne l'eût jamais commise, s'il n'y eut été conduit par l'autre. C'est parce qu'il a fallu défendre son existence même, contre des droits oppressifs, un Fermier avide, & un Gouvernement absurde, qu'on s'est laissé corrompre jusqu'à attenter sur les droits de ses ſemblables, & abuſer indignement de la confiance de ſes Concitoyens. Dans cette circonſtance, comme dans beaucoup d'autres, nos vices ne ſont que le crime de nos loix.

Voici encore une autre cauſe de l'altération du titre, qui n'eſt elle-même qu'un effet de l'impulſion donnée à toute eſpèce de fraude par l'excès monſtrueux du droit. Une fois que des Marchands ou des ouvriers ſe ſont mis dans le cas de donner à bas prix leurs marchandiſes, ils ſont ſans ceſſe ſollicités par l'avidité des Commiſſionnaires à baiſſer ces mêmes prix. Comme ils ſe ſont aſſuré un bénéfice indépendant de la main-d'œuvre, ils ſe relâchent ſans ceſſe pour obtenir la préférence. Une émulation de bon marché s'établit entr'eux, & quand tout le profit qu'ils tiroient de la fraude du droit eſt abſorbé par ces diminutions progreſſives, ils faut qu'ils retrouvent ces avantages en baiſſant le titre; d'où il réſulte qu'en dernière analyſe, le bénéfice de la fraude n'eſt pas tant pour l'ouvrier qui l'a fait que pour le Négociant, le capitaliſte, l'agent intermédiaire qui la commande. Et c'eſt là une des cauſes principales de la décadence de la fabrique d'Orfévrie de Paris, où la partie productive eſt comme dans tous les autres commerces opprimée par la partie ſtérile.

Tels ſont les maux particuliers que produit l'excès de ces droits. Le dommage immenſe & général qu'en a reçu le commerce, & par conſéquent la France entière, eſt facile à concevoir, & les effets le démontrent aſſez,

L'Orfévrerie françoise, autrefois si florissante, a depuis quelques années, perdu de jour en jour son crédit, sa renommée & ses produits. Les étrangers ne tirent plus des marchandises de France, que pour leur servir de modèles. La France même, achète à l'étranger la plus grande partie de sa consommation en bijoux de toute espèce. Les circonstances de la révolution n'ont fait que précipiter cette décadence, mais ne l'ont point causée. Il faut en accuser uniquement les droits de controle. Quelques développemens achéveront de le prouver.

On a vu comment l'excès de ces droits, ayant nécessité l'altération du titre, la plupart des Marchands ont dû perdre la confiance publique. Le consommateur, ordinairement attiré par l'opinion qu'il avoit de la pureté des matières employées à Paris, faisoit volontiers le sacrifice d'un prix plus considérable; mais lorsqu'il s'est vu trompé, il s'est éloigné, pour ne pas payer si cher un avantage au moins incertain.

De plus, l'effet de la fraude en tout genre, est de produire la mauvaise fabrication : les artistes honnêtes, pour soutenir la concurrence avec l'Ouvrier infidèle, sont forcés de travailler d'avantage, de gagner du tems, & ainsi de négliger la solidité & la perfection. Autre effet qui a privé encore nos marchandises de leur ancienne faveur, & nous a enlevé tous les acheteurs étrangers.

Le droit de controle, à sa naissance, n'eût point d'aussi

funeſtes effets; car, premièrement, il fut d'abord très-léger & très-modéré. Enſuite, la fabrique françoiſe d'Orfévrerie & de bijoux étoit alors la ſeule en Europe, de manière qu'elle pouvoit faire la loi aux conſommateurs de toutes les Nations, & que la ſurcharge des droits & l'accroiſſement du prix ne parurent point pendant quelque tems diminuer nos exportations.

Mais il s'eſt élevé depuis en Allemagne, en Suiſſe & à Genève, des Fabriques conſidérables. Dirigées par les vrais principes du Commerce, elles n'ont rien négligé pour compenſer par le mérite du bon marché de leurs ouvrages, celui du goût, qu'elles ne pouvoient diſputer aux notres. Ce ſyſtême a été conſtamment ſuivi, au point qu'elles ont même baiſſé le titre des matières, pour s'aſſurer plus généralement l'avantage de la concurrence. Voilà comment ces manufactures ont inſenſiblement appellé vers elles tous les conſommateurs, tandis que notre odieuſe fiſcalité les écartoit ſi cruellement de nous par l'accroiſſemrnt de la taxe & tous ſes triſtes réſultats.

En vain avons-nous inceſſamment réclamé : les modifications par leſquelles on a eſſayé de tempérer ces maux, ont été inſuffiſantes ou même aggravantes. Tel eſt le droit modéré de REVENTE établi ſur les marchandiſes de haſard, d'où il eſt arrivé qu'on a fabriqué du neuf pour être vendu comme HASARD : autre ſource de ruine pour le Commerce, & de dégradation pour l'induſtrie. Telle fut encore en 1765, la diminution des deux tiers du droit de controle, ſur les ouvrages deſtinés à l'étranger,

& en 1771 la reduction au tiers des droits de sortie. Ces vains palliatifs entraînoient tant de précautions qu'ils ne faisoient que décourager le fabriquant, en l'astreignant à une multitude de formalités gênantes. Et d'ailleurs l'avidité du fermier s'étudioit & réussissoit toujours à rendre nuls ces bienfaits, & à nous disputer ces remises par toutes les chicanes imaginables.

C'est ainsi que le commerce étranger a pris de jour-en-jour des directions contraires à nos intérêts: nos troubles ont consommé le mal: l'étranger craignant d'envoyer ses fonds en France, change ses fournisseurs & s'adresse à nos rivaux.

Si l'on réfléchit maintenant que ce même commerce de l'Orfévrerie a produit & devroit produire encore une balance en faveur de la France, d'environ 12 millions, & que les droits de controle nous ont seuls fait perdre cet avantage: si l'on calcule que ces droits qui n'ont jamais produit que 700,000 liv. au plus & qui se sont reduits, pour ainsi dire, à zero, ont fait encore perdre à la France, au moins, 5 millions, par an, de main-d'œuvre, & ont fait émigrer nos meilleurs ouvriers, la conséquence qu'on tirera de ces réflexions sera, sans-doute, la nécessité de supprimer ces droits.

Il est certain, d'abord, que les rigueurs par lesquelles, seulement, on pouvoit assurer leur perception, sont désormais impraticables. De tous les impots de la même nature, il n'en est point qui exposât les contribuables à d'aussi dures vexations. L'espionnage, les gênes, les vifites, les emprifonnemens, les violences de tout genre, & tous les attentats arbitraires qu'une Police inquifitoire fe permettoit fur les perfonnes : d'un autre coté, les chicanes, les procès diffamatoires, les confifcations, les peines atroces, tout ce qu'une jurifprudence barbare pouvoit autorifer, fuffifoit à peine, non pas pou pêcher, mais même pour réprimer & modérer la multiplicité des fraudeurs. Quand la liberté & la dignité rendues aux François fouffriroient qu'on laifsât encore les Citoyens à la merci des caprices & de la rapacité d'un Fermier, où font tous ces moyens, fans lefquels le Fifc fera fans ceffe déjoué & impuiffant ? Ces Magiftrats Citoyens, ces Soldats Citoyens, qui compofent la force publique, fans doute fe font un devoir de protéger la perception des revenus publics; mais il eft des excès dans ce genre d'exaction, qu'ils ne pourroient favorifer ni même tolérer. Et cependant, n'eft il pas démontré que la rigueur feule de ces mefures peut garantir leur efficacité ?

Mais, dit-on, diminuez le droit, on ceffera de s'y fouftraire, peut-être même cette diminution en fupprimant la fraude, rendra l'impot plus productif.

Vaine efpérance! Reffource infuffifante! tant qu'il exiftera maintenant un controle, il fera fraudé, l'habitude eft prife, l'impulfion eft donnée : celui qui s'eft accoutumé à ce genre de profit, ne voudra pas le perdre; encore moins celui qui fait tout-à-la-fois les deux fortes de fraudes. En divifant la furveillance, vous la

rendez

rendez nulle pour le titre, comme pour le droit. Les faux poinçons de CONTROLE produiſant les faux poinçons de MAISON COMMUNE.

D'ailleurs, dans quelle proportion diminuerez-vous la Taxe? Réduite à moitié, elle ſeroit encore inſuportable. Il faudroit la réduire au dixième, & alors ſon produit ſeroit ſi médiocre, qu'il ſuffiroit à peine aux frais de la régie & aux bénéfices du fermier. Or l'Aſſemblée Nationale ne voudra pas, dans cette ſeule occaſion, donner l'exemple d'un tel ménagement pour les traitans.

On a auſſi propoſé de charger les Orfévres de la perception des droits de contrôle, ſous leurs propres poinçons. Mais les mêmes objections ſubſiſtent. Exceſſifs, ces droits ruinent le commerce & néceſſitent la fraude. Modérés, ils n'ont aucun produit, & gênent l'induſtrie, ſans ſecourir le tréſor public (1).

Enfin, quand même, dans tout autre tems, on eût pu trouver quelque moyen avantageux de conſerver ce

(1). On avoit auſſi propoſé de laiſſer ſubſiſter le droit, mais pour favoriſer l'exportation & le commerce extérieur, de reſtituer à la frontière le droit perçu ſur les marchandiſes exportables. Ce palliatif eſt inſuffiſant; il n'empêche pas la contrebande & les *faux poinçons* dans l'intérieur. Il eſt une ſource de chicanes & de procès entre le Fiſc & les Commerçans: il nuit au commerce en mettant le fabriquant dans la néceſſité d'employer de gros capitaux aux avances du droit, & de renchérir d'autant ſes fabrications. Enfin, ce palliatif a peu d'avantages & trop d'inconvéniens.

foible rameau du revenu National, de laiſſer ſubſiſter ces Taxes oppreſſives, tel eſt l'état actuel du commerce de l'Orfévrerie; tel en eſt, en ce moment, la langueur, l'entière paralyſie que, s'il n'eſt complètement ſoulagé d'une ſemblable ſurcharge, la renaiſſance prochaine de l'ordre & de la paix, le retour de l'abondance & des arts, rien ne peut déſormais lui rendre le mouvement & la vie.

Que ſi ces conſidérations, où notre intérêt particulier n'eſt autre, ſans doute, que l'intérêt public, ne nous ſembloient aſſez puiſſantes, il eſt encore un point de vue frappant, que nous préſenterions au patriotiſme des Légiſlateurs, que des circonſtances récentes leur rendroient bien ſenſible, mais que nous nous bornerons à indiquer, certains que leur ſagacité n'a beſoin que d'entrevoir une vérité pour la ſaiſir.

Lorſque dans la diſette du numéraire, on crut devoir engager tous les Citoyens à porter aux Monnoies les vaiſſelles d'or & d'argent, pour alimenter le tréſor public par une abondante fabrication d'eſpèces, on vit, avec étonnement & avec douleur, combien la reſſource de cette fonte étoit peu productive, & quelles foibles & indigentes offrandes étoient préſentées aux beſoins de la Patrie. On en accuſoit le mécontentement, l'égoïſme & la tiédeur des ames. Ce n'étoit pas, ſans doute, la ſeule cauſe, & la Sur-taxe du contrôle devoit partager ces reproches. L'augmentation de perte qu'elle produiſoit ſur chaque pièce de vaiſſelle, a diminué l'empreſſement de plus d'un père de famille. Ce ſacrifice de dix pour cent, joint à celui des façons, étoit exceſſif, & reſſerroit la générosité civique. Ce qui paroiſſoit n'être qu'un prêt, devenoit un don forcé, & même un don en pure perte. Il nous eſt démontré que l'inefficacité de cette reſſource doit être principalement imputée à la répugnance générale pour un ſacrifice exorbitant. Or, n'eſt-il pas digne de la prévoyance lointaine du légiſlateur, de préparer à nos Finances, pour l'avenir, les avantages de cet expédient dans toute leur plénitude? Si la fonte des vaiſſelles, au-lieu de produire douze ou quinze millions, peut en donner quarante ou cinquante, n'eſt-il pas des momens où cette reſſource énergique peut ranimer tout-à-coup le crédit & la circulation? Il eſt donc d'une ſaine politique, de ne point ſouffrir qu'une fiſcalité ruineuſe ſurcharge d'une valeur ſtérile ces métaux précieux, que la main féconde, la main ſeule de l'Art a le droit d'enrichir d'une valeur acceſſoire, qui n'eſt, ſans doute, idéale ni perdue, puiſqu'elle repréſente un long travail, & donne de véritables & nobles jouiſſances.

L'Aſſemblée Nationale ne ſauroit donc refuſer à l'Orfévrerie cette allégeance, cet encouragement devenu néceſſaire, & qui n'eſt pour l'Etat qu'un apparent ſacrifice, puiſqu'en faiſant refleurir une branche ſi fructueuſe du commerce national, on s'aſſure, en retours de numéraire, en emploi des hommes, en accroiſſement de conſommation, en progrès d'induſtrie, des produits bien supérieurs aux chétives recettes, que pourroit donner avec les plus grands efforts une si funeste exaction.

Au surplus, il nous semble qu'on peut indemniser en partie de cette suppression le trésor public, en établissant aux frontières la levée d'un droit, sur les marchandises de fabrique étrangère, principalement sur les bijoux d'or, qui depuis quelque tems s'importent en France en très-grande quantité; & cette sorte d'imposition qui favorise la concurrence des marchandises nationales dans le marché intérieur, seroit très-conforme aux principes d'économie politique, adoptés par les Nations les plus commerçantes. Mais il nous suffit d'avoir indiqué ces objets, qui d'ailleurs entrent probablement dans le travail général relatif aux traités.

Il semble que notre Pétition devroit se terminer ici par le simple exposé des bâses principales de la nouvelle organisation, du régime nouveau que l'Assemblée Nationale sera suppliée de nous donner, en conséquence des faits, des principes & des résultats allégués, posés & réduits par nous. Mais avant de passer à ce dernier objet, il en est deux autres pour lesquels notre Commerce doit encore implorer le secours & la justice du Législateur.

Premièrement, nous devons demander l'abolition du privilége exclusif de l'Affinage.

Les opérations par lesquelles on sépare des métaux les parties hétérogènes, par lesquelles on met au plus haut degré de fin les matières d'or & d'argent; ces opérations, infiniment perfectionnées par la Chimie, sont maintenant connues du plus grand nombre, & il est très-facile de s'en instruire, de façon à les consommer avec la dernière précision. D'ailleurs, l'Affinage des lingots n'intéresse ni la fidélité du titre, ni la sûreté publique. L'essai & le poinçon qui l'atteste, sont, à cet égard, les seuls garans nécessaires.

Le privilége exclusif de l'Affinage, dont il est inutile de donner ici l'histoire, qui est actuellement exercé par un Fermier, & qui, d'ailleurs, est d'un produit presque nul pour le trésor public, sans aucun motif d'utilité, contraire, sur-tout, aux principes sacrés qui proscrivent tout monopole; ce privilége grêve particulièrement l'Orfévrerie; il met les fabricans, & par conséquent le Public, dans la dépendance de l'Affineur privilégié. Celui-ci n'ayant point de concurrence à craindre, néglige naturellement, & retarde son service. De plus, comme tout Fermier, il aspire sans cesse à étendre ses droits, à augmenter ses prix. Ainsi, la langueur de ses opérations fait languir les travaux & la circulation générale; tandis qu'en même-tems, l'augmentation des prix de cette première façon renchérit les ouvrages, & nuit d'autant à la consommation.

La liberté & la concurrence des Affinages deviennent d'autant plus nécessaires, que les degrés de mêlanges des métaux se sont infiniment multipliés pour une multitude d'ouvrages, & qu'il seroit avantageux aux fabricans de pouvoir départir eux-mêmes les matières qui se composent des déchets de leurs atteliers, sans avoir à souffrir les lenteurs de l'affineur privilégié, ou même des pertes réelles sur la valeur intrinséque, lorsqu'ils vendent ces déchets.

Ces considérations déterminent le Corps des Orfévres à demander la suppression de ce privilége exclusif.

Secondement, il demande aussi que la loi baisse le Titre de l'or manufacturé.

Les fabriques françoises ne peuvent employer l'or dans les différens ouvrages qu'à vingt-deux & vingt karats, c'est-à-dire, avec un sixième d'alliage seulement, sur cinq sixièmes d'or fin. Les fabriques étrangères d'Hanau, de Suisse, de Genève, même du pays de Gex, employent l'or à 18 karats seulement. La diminution que cette baisse occasionne sur le poids & sur le prix des ouvrages, est une des principales causes de la préférence qu'elles ont obtenue au préjudice de nos marchandises, quelle que soit la supériorité de nos Artistes. Nous ne pourrons soutenir la concurrence avec elles, tant que nous ne pourrons faire tomber nos prix dans la même proportion. Il faut donc qu'il nous soit permis de fabriquer les ouvrages en or, à vingt & dix-huit karats, suivant les désignations qui en seront données. La perfection des ouvrages n'y peut rien perdre. Les objections qu'on a souvent faites à cet égard, sont de vains préjugés. Les Artistes les plus habiles, démontreront, au contraire, que plusieurs marchandises n'en seront que mieux traitées. Au surplus, cet objet n'eſt pas d'un médiocre intérêt pour l'Etat. Dans le prix total de ces ſortes de marchandiſes, des bijoux en or, il y a un tiers pour la main-d'œuvre. Les Manufactures étrangères s'étant procuré, par le bon marché, l'approviſionnement preſque excluſif de la France en ce genre, enlèvent par là une grande maſſe de ſalaires à ſes Ouvriers, une grande ſomme de numéraire à ſa circulation, & un avantage conſidérable à ſa balance commerciale.

Nous ſupplions l'Aſſemblée Nationale de vouloir bien charger ſon Comité de Commerce de prendre cet objet en conſidération.

Résumons maintenant, & formons, pour ainſi dire, un faiſceau des lumières que nous avons tâché de répandre dans cet écrit.

L'excès des droits de Contrôle, en néceſſitant toute ſorte de fraude, a ruiné & diſcrédité entièrement la fabrique d'Orfévrerie de Paris; ils corrompent & ruinent l'Ouvrier; ils font dégénérer l'induſtrie & la main-d'œuvre; ils ne ſont nullement productifs pour le Fiſc, puiſqu'ils ſont toujours éludés. En même-tems, le conſommateur les paye toujours, de manière qu'ils ne ſervent qu'à groſſir les fortunes du traitant, du commiſſionnaire ou du riche Marchand, le tout aux dépens de l'Ouvrier, du Fiſc, de l'Art, & ſur-tout du Conſommateur. Il faut donc les supprimer.

Ce premier point établi, il est encore un moyen de

régénérer une manufacture, long-tems la plus floriſſante de l'Europe, & aujourd'hui la plus déchüe.

Trois avantages avoient fait ſa renommée & ſa ſplendeur, la ſupériorité de ſes Ouvriers, le bon marché de la Main-d'œuvre, & enfin la fidélité du titre.

La main des Ouvriers ſe perd dans l'inactivité; il ne ſuffit pas que la ſuppreſſion du contrôle ranime les travaux, il faut encore encourager ces Artistes, & en créer de nouveaux, en briſant les entraves qui les accablent, en excitant l'émulation par la liberté.

La main-d'œuvre renchérit par l'émigration des Artiſtes; ſi cette émigration n'eſt arrêtée, Paris perdra l'avantage de fabriquer en grande manufacture les matières d'or & d'argent, avantage qui peut ſeul nous ſoutenir contre la rivalité des fabriques étrangères. Il faut donc repeupler nos atteliers, & prévenir la cherté des ſalaires, en multipliant l'Ouvrier; concurrence qui ne peut naître que par un régime du Corps plus libre & plus favorable à cette claſſe intéreſſante.

Enfin, la fidélité invariable & indubitable du titre, qui forme tout-à-la-fois, l'intérêt du marchand & du conſommateur, & dont, par conſéquent, l'Aſſemblée Nationale doit, autant que nous-mêmes, s'aſſurer partous les moyens les plus efficaces; cette ſûreté du titre des matières que nous fabriquons, exige non-ſeulement que les Orfévres ſoient réunis ſous un régime commun & ſoumis à la ſurveillance particulière du Corps ſur ſes Membres;

Membres; mais elle veut encore que ce régime soit organisé de la manière la plus propre à garantir cet effet nécessaire.

Administrer le poinçon sur les fabrications, & surveiller les fabricans; c'est-là l'objet de ce régime. Ces fonctions importantes doivent être confiées à un petit nombre de Chefs; mais ces chefs doivent être nommés par le Corps entier à la pluralité. Car, premièrement tous les Membres ont un égal droit à cette confiance. Ensuite, si, comme aujourd'hui, le Conseil administratif du Corps, choisissoit arbitrairement ses successeurs, ce seroit une véritable Aristocratie, qui même nuiroit au but de l'institution; car les places se concentrant naturellement dans la classe des plus riches Marchands, cette classe deviendroit privilégiée; elle s'affranchiroit elle-même de la surveillance de toutes les loix communes, se ménageroit des facilités pour échapper aux régles, & se faire des profits frauduleux : la confiance publique, dans le titre, seroit bientôt, avec raison ou à tort, entièrement ébranlée.

D'ailleurs, le Corps des Orfèvres a des biens, des dettes & une régie. Si les Administrateurs ne rendent compte qu'à eux-mêmes, qui les empêchera d'abuser? Nous n'examinons pas s'il ne seroit pas plus utile & plus conforme aux principes de nous liquider, & de réduire ainsi notre association à ses bases simples & fondamentales. Mais jusqu'à ce que la loi ait autrement statué sur cetre partie de nos intérêts communs, il faut qu'ils soient plus régulièrement gouvernés.

Outre cela, il exiſte entre la puiſſance publique, la Police, & une Corporation comme la nôtre, des rapports de direction & de protection, qui veulent être fixés par de nouveaux réglemens, fur-tout ſi l'Aſſemblée Nationale achevoit de mettre en pratique ſes principes de liberté, par la ſuppreſſion des Jurandes (1).

Enfin, peut-être trouvera-t-on convenable d'établir

(1). La puiſſance publique a droit de diriger toutes les opérations de cette adminiſtration intérieure du Corps, non-ſeulement lorſque ſes Agens rempliſſent les fonctions & les ſoins relatifs à la sûreté des achats & des ventes, mais même lorſqu'ils ne font que les Agens particuliers de leur aſſociation. Leur comptabilité, à cet effet, doit être contrôlée par un Officier public; car ce principe ſi bien établi à l'occaſion du Clergé, que les propriétés des Corps ſont propriétés nationales, parce que les Corps n'ont pu exiſter qu'après & par la Nation; ce principe eſt applicable aux biens des Corps de métiers; ces biens, en première origine, viennent de la Nation, puiſqu'ils ſont le fruit d'impoſitions perçues par les Marchands, leſquels, par une augmentation proportionnée de leurs marchandiſes, rejètent, en dernière analyſe, toutes leurs charges ſur le Conſommateur.

A l'égard du mode d'Election qu'on va voir, pour les Commiſſaires-Adminiſtrateurs de l'Aſſociation des Orfèvres, on a obſervé que ce Corps étant déjà très-nombreux, & par l'effet du nouveau régime, pouvant le devenir davantage, ces Elections ſeront moins bien faites par le Corps entier, que par un certain nombre d'Electeurs. Si cette vue étoit adoptée, on pourroit ſtatuer, en réformant l'article IV, que les Maîtres reçus depuis cinq ans au moins, auroient ſeuls la faculté d'élire, comme celle d'être éligibles; il en ſeroit de même pour l'Election des Jurys.

une nouvelle forme de Juriſprudence, appropriée à la Conſtitution, pour le jugement des cas de contravention qui auront lieu, & il ne ſera pas inutile que nous propoſions nos vues ſur cette matière.

Tels ſont les principaux objets que nous nous ſommes propoſés de remplir dans le plan d'organiſation nouvelle, dont nous préſenterons ici les bâſes.

PROJET D'UN NOUVEAU REGIME,

POUR LE CORPS DE L'ORFÉVRERIE.

ARTICLE PREMIER.

LA sûreté & la foi publique voulant que ceux qui fabriquent & vendent les matières d'or & d'argent, puiſſent être connus, inſpectés & aſtreints à l'obſervation de quelques règles, les Orfévres formeront une Aſſociation particulière, qui exercera ſur chacun de ſes Membres une ſurveillance immédiate; le tout, ſous les auſpices & ſous la direction de la Municipalité ou du Département, ainſi que la loi l'aura décidé.

ART. II.

Cette ſurveillance embraſſera toutes les meſures néceſſaires pour aſſurer la confiance générale dans la vérité & l'uniformité du titre légal des matières. Les diverſes profeſſions, qui, dans leurs fabrications, font entrer ces matières en portion majeure, ſeront auſſi ſoumiſes à cette ſurveillance, & les formes particulières qui devront être établies à leur égard, ſeront ultérieurement déterminées, ſoit par de nouveaux réglemens, ſoit ſuivant les anciens ſtatuts, nouvellement rédigés.

ART III.

Cette ſurveillance conſiſte dans l'application du poinçon ſur les ouvrages, & dans les viſites & recherches à faire chez les Membres de l'Aſſociation & par-tout où il ſera réglé.

A l'égard du poinçon, il ſera établi des formes & des précautions nouvelles ſuffiſantes, non-ſeulement pour remplacer le double poinçon du Contrôleur, mais même pour rendre la fraude auſſi difficile qu'il ſe puiſſe (1).

---

(1). Voici la nouvelle méthode qu'on propoſe d'établir.

Il y aura, comme ci-devant, quatre marques ſur toutes les pièces d'Orfévrerie qui en ſont ſuſceptibles, quoique ces marques ne ſoient pas toutes les mêmes.

Avant d'envoyer ſa pièce à l'eſſai (comme c'eſt l'uſage) l'Orfévre y appliquera ſon Poinçon, & après l'eſſai, les Orfévres en charge appliqueront le Poinçon de la maiſon commune pour certifier le titre.

Comme par l'effet du travail qui doit ſuivre, ces marques peuvent être altérées, l'Orfévre, avant d'envoyer la pièce finie, au bureau, y appoſera ſon ſecond poinçon, leqnel, beaucoup plus petit que le premier, en ſera cependant l'exacte repréſentation. Cette marque reconnue, l'Orfévre en charge appliquera à côté,

Quand aux viſites, les cas & les lieux où elles doivent s'étendre ou ſe borner, ainſi que toutes les meſures néceſſaires pour les rendre efficaces, ſeront fixées par un réglement nouveau.

ART. IV.

Les fonctions relatives à ces diverſes parties de la ſurveillance, ſeront remplies par une commiſſion particulière, composée de trente-quatre Membres de l'Aſſociation des Orfévres, de la claſſe de ceux qui ſeront reçus depuis cinq années au moins.

Ces Membres ſeront élus librement, à la pluralité des voix, & ſuivant le mode de ſcrutin établi pour les élections conſtitutionnelles.

Ces élections ſe feront dans une aſſemblée générale de l'Aſſociation, qui ſera convoquée, à cet effet, tous les ans.

ART. V.

Ces trente-quatre Commiſſaires, qui formeront le

---

un dernier poinçon, également repréſentatif du premier poinçon commun, mais de même beaucoup plus petit.

De cette manière, la double utilité du poinçon de contrôleur, connu ſous le nom de *charge* & de *décharge*, ſera complètement remplacée, & même il y aura une précaution plus rigoureuſe encore, & plus authentique, qui conſiſte dans l'obligation où ſera le fabriquant, d'appliquer un double poinçon; le dernier, qui eſt le plus petit, étant comme une ſeconde ſignature qui le rend irrévocablement reſponſable de ſon ouvrage & de ſa marchandiſe.

Corps administratif de l'Association, auront un Président qu'ils nommeront tous les six mois au scrutin.

Ils nommeront aussi, mais annuellement, deux d'entr'eux, l'un pour exercer la charge de Trésorier & de Comptable, l'autre pour remplir le ministère de Syndic ou d'Agent général.

Ces deux Officiers principaux étant nommés, les trente-deux autres se diviseront en deux Sections de seize chacune.

ART. VI.

Les seize Membres de l'une de ces Sections, seront chargés des fonctions intérieures, c'est-à-dire, du service du Bureau, consistant dans les essais des matières & le poinçonnement des ouvrages; ce service sera fait par huit d'entr'eux pour chaque semaine, de manière que chacun d'eux ait huit jours sur quinze, pour vaquer à ses affaires particulières.

La seconde Section sera chargée du service extérieur, c'est-à-dire, des visites & autres démarches relatives à la sûreté du titre & à la vérification des poinçons. Huit des Membres de la Section feront ce service par quinzaine, de la même manière que ceux de la Section du service intérieur.

Les trente-deux Membres formant les deux Sections, changeront tous les trois mois de fonctions, de manière que le service extérieur & le service intérieur soit altrenativement rempli par chacun d'eux.

Art. VII.

L'administration des biens, la recette des revenus, l'acquittement des dettes en principal, ou arrérages du Corps des Orfévres, seront également confiés à ces trente-quatre Commissaires; le Syndic ou Agent général sera particulièrement chargé d'en suivre les détails, & rendra compte, ainsi que le Trésorier, de toutes les affaires auxquelles cette administration pourra donner lieu, dans les assemblées générales des Commissaires indiqués dans l'article suivant.

Art. VIII.

Les trente-deux Commissaires, ainsi que le Trésorier & le Syndic, se réuniront tous les Dimanches en assemblée générale, pour y conférer de toutes les opérations consommées dans la semaine précédente, ou de celles qui devront se faire dans la suivante. Le Syndic ou Agent général y fera les fonctions de Rapporteur, non-seulement pour les objets relatifs à l'administration particulière des biens du Corps, mais aussi pour tous ceux qui concernent le régime d'inspection & de sûreté publique, principal but de l'institution.

Art. IX.

De ces trente-deux Commissaires, seize devront sortir & être renouvelés tous les ans.

Ils pourront être réélus, mais une fois ſeulement, & après cette réélection, il devra s'écouler deux années, avant qu'ils puiſſent être nommés de nouveau.

Le Tréſorier ſortira néceſſairement, & ſera renouvelé tous les ans; il rendra ſes comptes généraux à la commiſſion, lorſqu'elle aura été renouvelée; mais il pourra être réélus comme Commiſſaire.

L'Agent-général pourra être continué pendant l'année ſuivante.

ART. X.

De cette manière, l'aſſemblée générale des Orfévres nommera tous les ans au moins dix-ſept, & au plus dix-huit Commiſſaires nouveaux; leſquels ſe réuniront avec les ſeize ou dix-ſept reſtans; pour faire la nomination du Tréſorier nouveau, & même du nouvel Agent-général, dans le cas où l'ancien n'aura pas été prorogé.

Il ſera également fait par toute la commiſſion ainſi renouvelée, une nouvelle diviſion des deux Sections ou Départemens,

ART. XI.

Pour fournir aux frais divers de ce nouveau régime, ainſi qu'aux autres beſoins de l'adminiſtration, & généralement à toutes les charges indiſpenſables & communes de l'aſſociation des Orfévres, les Commiſſaires ſeront autoriſés à percevoir ſur les eſſais & poinçonnemens, un droit ſuffiſant pour remplacer la portion des droits de contrôle

contrôle affectée aux dépenses générales du Corps actuel des Orfévres, & même la portion du prix de la maîtrise qui leur étoit réservée. Le Département fixera la quotité de ce droit en proportion des besoins, suivant qu'il lui aura été justifié de ceux-ci. Il décidera également, d'après la délibération de l'Assemblée générale des Orfévres, si ce droit devra être payé en matière ou en espèces.

ART. XII.

Pour être admis dans l'Association des Orfévres, & avoir la faculté de vendre & fabriquer les matières d'or & d'argent, il ne sera plus nécessaire de payer aucune somme en argent; mais la puissance publique ayant intérêt de s'assurer de cette sorte de Marchands & de Fabriquans, il ne sera libre à qui que ce soit, d'exercer la profession d'Orfévre, qu'après avoir rempli les conditions d'admissibilité jugées nécessaires pour mériter cette confiance.

ART. XIII.

Pour être reçu Orfévre, il faudra, 1°. être Citoyen actif; 2°. être présenté à l'assemblée des Commissaires, Trésorier & Agent en charge, par trois Maîtres de la classe des éligibles (suivant l'art. IV), c'est-à-dire, de ceux qui sont reçus depuis cinq ans au moins, lesquels, après avoir préalablement fait serment de dire vérité, déclareront & certifieront que le Candidat est homme de mœurs & de probité.

3°. Si le Candidat, par la Nature de son travail, est dans le cas de faire usage du poinçon, il faudra que, dans le chef-lieu même de l'Association, il travaille & fabrique une pièce d'Orfévrerie, de celles qui sont susceptibles de marque; non à titre de chef-d'œuvre, mais parce que, pour la connoissance même de la pureté des métaux, il est essentiel de savoir au moins les premiers èlémens de la fabrication.

Art XIV.

La réception se fera dans ladite assemblée générale; ses formalités principales seront la lecture des réglemens de l'Association faite au récipiendaire, le serment qu'il devra prêter de les observer & de s'y soumettre, & enfin l'enregistrement de ses noms & demeure, ainsi que de la déclaration des trois Orfévres présentateurs; à l'égard de l'insculpation des poinçons, on suivra l'usage établi.

Ces conditions & ces formalités remplies, aucunes autres ne pourront être exigées.

Art. XV.

La durée de l'apprentissage ne sera plus fixée à l'avenir, non plus que le nombre des apprentifs que pourra faire chaque Orfévre.

Les apprentissages ne seront soumis qu'aux conventions particulières arrêtées entre les Maîtres & les Apprentifs, ou ceux qui ftipuleront pour eux; la difcuffion & la fixation des droits des uns & des autres étant du reffort des loix générales & des tribunaux de Police, & l'Orféverie n'exigeant, à cet égard, aucune règle particulière qui gêne la liberté des individus.

ART. XVI.

Les conteftations de tout genre qui naîtront, relativement à l'exécution des réglemens & à l'infpection des Officiers du Corps fur les individus, refforitront, foit au Tribunal de Police de la Municipalité, foit au Tribunal de Diftrict ou de Département.

Mais, dans tous les cas de contravention ou de fraude, la queftion de fait fera jugée par un Jury, lequel fera établi, & opérera fuivant les formes prefcrites aux Jurys inftitués pour les matières criminelles; le Juge de Police ne fera que l'application de la loi.

ART. XVII.

En conféquence l'Affemblée générale des Orfévres nommera, tous les ans, parmi tous les membres de l'affociation, indiftinctement & à la pluralité relative des voix, quarante-huit d'entre-eux, qui formeront deux Corps de Jurys de 24 Orfévres chacun, afin que douze de chacun d'eux puiffent être récufés, fuivant l'ufage, par les accufés.

Art. XVIII.

Toutes les peines qui devront être prononcées dans les divers cas de contravention ou de fraude, seront déterminées par un nouveau code, & devront être proportionnées à l'importance du délit, soit dans ses rapports individuels, soit dans ses rapports avec la sûreté publique.

TEL est le plan général de réformation du Corps de l'Orfévrerie que nous soumettons aux lumières & à la bienfaisante sagesse de l'Assemblée Nationale. Nous espérons qu'elle reconnoîtra avec plaisir la conformité des dispositions de ce plan, avec les principes d'économie politique que nous avons établis & qui sont les siens. Elle verra que l'esprit de Corps & l'esprit de Monopole n'ont inspiré aucune de nos demandes, qui toutes, au contraire, émanent du véritable esprit public, qui rapporte les interêts particuliers à l'intérêt général.

En même-tems cette organisation pourra lui paroître tellement simple & tellement sûre, quelle la croira propre à être établie dans toutes les villes où se fait le commerce & la fabrication des matières d'or & d'argent, établissement d'autant plus utile qu'il sera plus généralisé; car alors on pourroit parvenir à garantir l'uniformité absolue du titre, dans tous les ouvrages d'Orfévrerie qui ſe fabriquent en France, ſeul avantage qui puiſſe rendre à cette branche du commerce françois la renommée, l'affluence des conſommateurs étrangers, & les riches produits d'une immenſe exportation.

Enfin, les objets de cette Pétition ſe réduiſent à quatre, 1°. la réformation de notre régime; 2°. la ſuppreſſion du droit de contrôle ou de marque ſur les ouvrages d'or & d'argent. 3°. La ſuppreſſion du privilége excluſif de l'Affinage, 4°. la fixation légale d'un titre moins élévé pour les ouvrages en or.

Nous n'ajouterons qu'un mot. La liberté de la penſée eſt retablie; la liberté de l'induſtrie n'exiſte pas encore. La révolution politique eſt conſommée; la révolution commerciale n'eſt pas commencée encore. La ſage circonſpection de l'Aſſemblée Nationale doit différer des réformes néceſſaires. La raiſon publique a beſoin du mouvement préparatoire de l'inſtruction. Les principes que nous publions, peuvent communiquer à l'opinion, ce ce premier ce ſalutaire ébranlement. L'Aſſemblée Nationale applaudira, ſans doute, à notre zèle, & n'héſitera pas à favoriſer cette impulſion, en nous accordant nos juſtes demandes, en adoptant, ſurtout, le regime nouveau que nous propoſons pour le Corps de l'Orfévrerie. Ainſi notre réforme & notre Pétition particulière aura peut-être la gloire d'avoir été l'occaſion & le prélude de la régénération univerſelle du commerce & de l'induſtrie nationale.

GROUVELLE, Président de l'assemblée générale du Corps de l'Orfèvrerie.

MENDOUZE, Vice-Président.

MIGNOT. } *Secrétaires.*
PARIS.

FORTIN, } *Commissaires.*
PIERRE,
BOULIER,
GAUCHER,

FAUTES A CORRIGER.

Page 4, ligne 18, *au-lieu* de recherchons, *lisez* rechercherons.

Pag. 8, lig. 23, *au-lieu* de caisse, *lisez* baissé.

Pag. 10, lig. 8, *lisez* d'or & d'argent.

Pag. 11, lig. 12, *lisez* dans la beauté, &c.

Pag. 15, lig. 12, lui enjoint, *ajoutez* de ne point.

Pag. 16, lig. 6, *après ce mot* le Fisc, mettez une virgule.

Pag. 15, lig. 2, produisant, *lisez* produisent.

Pag. 28, lig. 16, réduits, *lisez* déduits.

Pag. 30, lig. 17, *après* nos marchandises, *mettez* un point.

Idem, après Artistes, *mettez* une virgule.

www.ingramcontent.com/pod-product-compliance
Lightning Source LLC
LaVergne TN
LVHW012009160826
845678LV00002B/735

* 9 7 8 2 3 2 9 6 6 5 9 7 9 *